**Sandip Sonawane**

**BotNet: Deteção e defesa**

Sandip Sonawane

# BotNet: Deteção e defesa

ScienciaScripts

**Imprint**



Cover image: www.ingimage.com

This book is a translation from the original published under ISBN 978-620-2-07031-7.

Publisher:
Sciencia Scripts
is a trademark of
Dodo Books Indian Ocean Ltd. and OmniScriptum S.R.L publishing group

120 High Road, East Finchley, London, N2 9ED, United Kingdom
Str. Armeneasca 28/1, office 1, Chisinau MD-2012, Republic of Moldova, Europe
Printed at: see last page
**ISBN: 978-620-8-24429-3**

# Índice

# Resumo

As recentes tentativas maliciosas destinam-se a obter benefícios financeiros através de um grande número de anfitriões comprometidos, que são chamados robots de software ou simplesmente bots. Um grupo desses bots, designado por botnet, é controlado remotamente por um bot master e pode ser utilizado para realizar actividades maliciosas como o envio de correio eletrónico não desejado, o roubo de informações pessoais, a disseminação de malware, o phishing, a fraude de cliques, o lançamento de ataques DOS distribuídos, etc. Entre as várias formas de malware, as botnets estão a emergir como a ameaça mais grave contra a cibersegurança, uma vez que fornecem uma plataforma distribuída para várias actividades ilegais. Basicamente, as redes de bots utilizam canais de comando e controlo através dos quais podem ser actualizadas e dirigidas. Recentemente, a deteção de botnets tem sido um tema de investigação interessante relacionado com a prevenção de ciberameaças e cibercrime.

# CAPÍTULO 1

# INTRODUÇÃO

O crescimento explosivo da Internet proporciona uma acessibilidade muito maior a uma enorme quantidade de dados valiosos. No entanto, são expostas numerosas vulnerabilidades e o número de incidentes está a aumentar com o tempo. Em especial, as recentes tentativas maliciosas são diferentes das ameaças antigas, destinadas a obter benefícios financeiros através de um grande conjunto de anfitriões comprometidos. Este novo tipo de ameaças aterradoras põe em perigo milhões de pessoas e infra-estruturas de rede em todo o mundo. Por exemplo, roubam informações pessoais que podem levar a perdas financeiras significativas e, simultaneamente, são utilizadas para enviar mensagens de correio eletrónico não solicitado e lançar ataques DDoS (Distributed Denial of Service).

Bot refere-se a um grande conjunto de anfitriões comprometidos que permite ao atacante obter controlo total sobre o sistema comprometido e o grupo desses bots é designado por botnet. Um atacante, chamado Bot Master ou Bot Controller, controla uma botnet para realizar várias actividades maliciosas, tais como o envio de palm mails, ataques DDOS, deteção de tráfego, registo de teclas para roubar dados bancários, manipulação de sondagens e jogos em linha e roubo de informações pessoais, como o roubo de identidade. Para realizar estas acções maliciosas, o controlador da rede de bots envia os comandos aos bots através do canal denominado C& C (Command & Control). A maioria das redes de bots utiliza o protocolo IRC (Internet Relay Control) para comunicação em grupo

"Bot" é um derivado abreviado de "robot", um programa que funciona como um agente que permite a um utilizador ou a outro programa simular uma atividade humana. É possível a um atacante controlar muitos bots através de uma botnet utilizando apenas um comando. Dadas estas caraterísticas, um atacante pode facilmente infligir um ataque em massa aos utilizadores da Internet. Recentemente, a frequência dos ataques com recurso a redes de bots tem aumentado de forma explosiva e os danos causados por esses ataques têm vindo a aumentar exponencialmente, causando danos mais graves à rede e aos sistemas. Como tal, a rede de bots tem sido reconhecida como a maior ameaça para o futuro da Internet. Além disso, os ciberataques recentes tendem a ser motivados pelo lucro pecuniário, pelo que a dimensão dos danos se torna cada vez mais crítica. Os ataques com recurso a redes de bots causam vários tipos de danos, enviando muito spam, espalhando programas maliciosos e pacotes de sniff, efectuando ataques DDoS e recolhendo informações pessoais, incluindo números de cartões de crédito e palavras-passe. Embora existam atualmente várias ferramentas de deteção e análise de incidentes na Internet, é difícil detetar e responder à rede de bots com elas, porque os atacantes estão a tornar os programas maliciosos cada vez mais inteligentes para evitar as ferramentas existentes; a própria rede de bots é constituída por bots distribuídos por todo o mundo. Além disso, até agora, a botnet tem assumido principalmente a forma de controlo centralizado, em que os bots são controlados através do IRC. No entanto, recentemente, tornou-se mais difícil detetar a botnet devido ao aparecimento de uma forma mais sofisticada de botnet.

Para além disso, os servidores C&C e os Bots maliciosos estão amplamente distribuídos por todo o mundo. Eles têm as seguintes propriedades: Tendem a estar lotados numa determinada região que tem ligações à Internet de alta velocidade; enquanto o servidor C&C é capaz de se mover dinamicamente, e pode fazer e controlar grupos de Bots por área.

Por conseguinte, é absolutamente necessário partilhar informações entre os FSI nacionais para detetar redes de bots. Isto melhoraria a exatidão da deteção de organizações de redes de bots, rastrearia quaisquer alterações nas redes de bots e promoveria a deteção precoce antes do ataque. Do mesmo modo, ajudaria a desmantelar uma organização de botnet ou a permitir que o C&C caísse a meio de uma entrega, em termos de resposta. Assim, este documento propõe um quadro para a deteção e prevenção sistemáticas da rede de bots, bem como um procedimento e um método de cooperação.

Uma BotNet é um conjunto de computadores, ligados à Internet, que interagem para realizar uma tarefa distribuída. Embora um tal conjunto de computadores possa ser utilizado para aplicações úteis e construtivas, o termo BotNet refere-se normalmente a um sistema concebido e utilizado para fins ilegais. Esses sistemas são compostos por máquinas comprometidas que são assimiladas sem o conhecimento do seu proprietário. As máquinas comprometidas são designadas por drones ou zombies e o software malicioso nelas executado por "bot". Assim, podemos definir "BotNet" como uma rede de endhosts infectados sob o comando de um botmaster.

Os programas Bot são códigos ou programas que funcionam automaticamente como agentes de um utilizador ou de outro programa. Os programas bot são sub-repticiamente reencaminhados para as vítimas por vários meios, tais como através de anexos de correio eletrónico, através de redes peer-to-peer (P2P) e visitas a um sítio Web infetado. O malware de bot tira normalmente partido de vulnerabilidades do sistema e de bugs de software ou de backdoors instalados por hackers que permitem a instalação de código malicioso em computadores sem o consentimento ou conhecimento dos proprietários. Em seguida, carregam-se nesses computadores, muitas vezes para fins nefastos. Bots Os computadores individuais infectados com malware bot são então transformados em zombies. Estes podem então ser utilizados como ferramentas de ataque remoto ou fazer parte de uma BotNet sob o controlo do controlador da BotNet, como ilustrado na Figura 1.

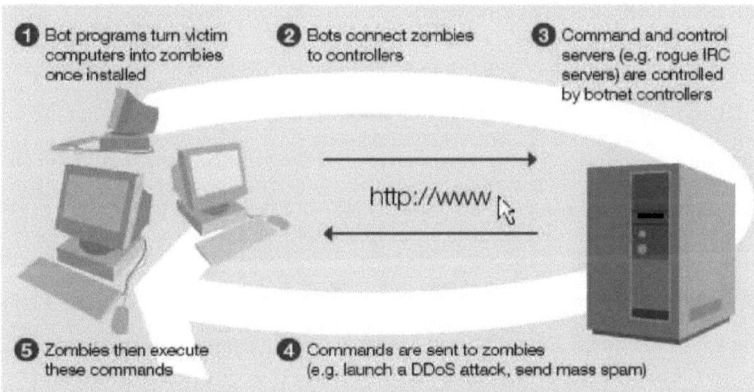


**Figura 1: Uma BotNet típica**

### 1.1 Antecedentes

No início dos anos 90, os utilizadores do Internet Relay Chat (IRC) criaram ferramentas para automatizar certas tarefas e para as defender de ataques, como o "net split". Outros grupos ou utilizadores individuais do IRC criaram ferramentas de ataque para eliminar canais, ou seja, salas de conversação, e remover utilizadores desses canais, assumindo os seus 'handles', ou seja, nomes de utilizador, para que não pudessem voltar a entrar. Não é de estranhar que tenham sido desenvolvidas novas ferramentas para ripostar e assim nasceu o bot. O primeiro programa de bots foi provavelmente o Eggdrop, criado por Jeff

Fisher, que se originou como uma caraterística útil do Internet relay chat (IRC). Os primeiros programas de bots foram concebidos para permitir que os operadores de IRC criassem respostas automáticas às actividades de IRC. À medida que o IRC ganhou popularidade entre os utilizadores da Internet, o comportamento inadequado começou a tornar-se um problema. Os utilizadores que se comportavam mal eram expulsos dos canais de IRC. Como vingança, alguns utilizadores expulsos desenvolveram formas de atacar o canal de IRC, o que levou às guerras de IRC que causam ataques DDoS. No final da década de 1990, começámos a ver ferramentas DDoS (Distributed Denial of Service - negação de serviço distribuído), que eram utilizadas para atacar os anfitriões de IRC e eram, na sua maioria, ferramentas não automatizadas; algumas eram semi-automatizadas. Em ambos os casos, essas ferramentas precisavam de muitos ajustes, persuasão e xingamentos para que fizessem o que o malfeitor que estava tentando usá-las queria. A maioria dessas ferramentas, embora projetadas para atacar o IRC, não usava o IRC para se comunicar.

No início do novo milénio, o Mafiaboy utilizou ferramentas como as mencionadas acima para efetuar ataques DDoS contra o Yahoo!, o eBay, a Amazon e a CNN. Na fase seguinte, as ferramentas foram automatizadas, permitindo a criação de redes maiores, mais rápidas do que nunca, e com efeitos mais devastadores. Para o efeito, assistimos à adição de códigos worm e Trojan à mistura. Há uma série de exemplos de descendentes deste movimento; o Staheldracht foi empacotado com o rootkit t0rnkit, enquanto o worm Lion incluiu o agente TFN2K, sendo apenas dois deles. Em 2002, assistimos à mudança para a utilização do IRC para comando e controlo, ou como protocolo de comunicação de bots e BotNets para os bots que não utilizavam diretamente o IRC para comando e controlo. O que estávamos a testemunhar era o nascimento do bot moderno.

A partir do início de 2003, começámos a ver mais movimentos para incorporar muitas novas formas de os bots entrarem nos sistemas e, uma vez lá, permanecerem escondidos. Isto incluiu o uso de vulnerabilidades, buffer overflows e droppers, bots que eram totalmente sharecrawling, usavam ataques de dicionário e eram lançados através de outro malware, e assim por diante. Hoje em dia, os bots podem ser entregues de quase todas as formas que o malware atual.

Atualmente, é frequente vermos BotNets utilizadas para extorsão do tipo "pague ou fazemos DDoS para o tirar da rede", como proxies de SPAM e Phishing scam para encaminhar o correio eletrónico, roubo de identidade, uma vez que muitos bots têm meios de registo de teclas, etc., e sementeira de malware, entre outros. Embora os bots [Internet Relay Chat] mais modernos sejam concebidos para serem quase invisíveis e extensíveis, continuam a cumprir a norma RFC 1459.

## 1.2 BotNets: a principal ameaça em 2008

As BotNets, um conjunto de computadores comprometidos infectados com robôs de software ou bots, continuam a figurar de forma proeminente nas "Principais Ameaças de 2008" de muitos líderes proeminentes do sector das TIC. Os botmasters, ou pastores de bots, parecem ter um único objetivo na vida: lançar vírus ou worms para infetar PCs de utilizadores comuns com aplicações maliciosas ou bots. Os bots nos PCs infectados são codificados pelo operador ou pelo botmaster para se ligarem a um servidor designado, denominado Comando e Controlo (C&C). O acesso à rede de bots ligados ao C&C é depois vendido a spammers que utilizam os dados para obter ganhos monetários de várias formas.

De Storm a Kraken e MayDay, agora há Sribz As BotNets evoluíram para níveis impressionantes de sofisticação à velocidade da luz, arrecadando muito dinheiro tanto para os spammers como para os operadores de BotNet. Desde a sua criação em 1998-1999, quando os notórios NetBus e BackOrifice2000 apareceram como os primeiros programas backdoor que permitiam a administração remota de computadores infectados, os cibercriminosos têm tido um dia em cheio a causar estragos na Internet. Os cavalos de Troia trabalhavam nos bastidores sem o conhecimento ou consentimento do utilizador, executando operações de ficheiros em máquinas remotas ou lançando novos programas. Nessa altura, para controlar um computador infetado, tudo o que um cibercriminoso tinha de fazer era estabelecer uma ligação com a máquina infetada através de uma aplicação baseada em LAN na pilha de protocolos TCP/IP e explorar a API do Windows para controlo.

No espaço de um ou dois anos, os programas avançaram ao ponto de os botmasters conseguirem controlar várias máquinas em simultâneo, funcionando como servidores de rede, que abriam uma porta predefinida e esperavam passivamente que o botmaster se ligasse.

Outras inovações levaram a que os computadores infectados iniciassem eles próprios as ligações, monitorizando todos os movimentos do utilizador do PC sem o saber. Este primeiro grupo de administradores de backdoors eram provavelmente hackers, uma vez que usavam um canal normalmente utilizado apenas por hackers - o Internet Relay Chat (IRC). Ligavam-se a servidores IRC num canal IRC predefinido e esperavam por mensagens do botmaster que controlava o C&C.

O sequestro da BotNet tornou-se rapidamente a norma à medida que uma nova geração de utilizadores maliciosos aparecia, procurando canais de IRC com tráfego suspeitamente pesado, onde podiam entrar e sequestrar a BotNet, assumindo efetivamente o controlo da rede e reordenando os bots para canais de IRC protegidos por palavra-passe. Estes sequestradores acabaram por desenvolver uma forma através da qual um computador involuntário numa LAN podia ligar-se a um servidor de Internet e ceder o controlo a um botmaster em qualquer parte do mundo, contornando servidores proxy e Network Address Translations (NATs). O sequestrador pode então estabelecer uma ligação HTTP com o servidor de administração utilizando as definições locais do computador cliente para garantir a acessibilidade. Depois disso, um simples script pode controlar pequenas redes de computadores. Os cibercriminosos lucraram com a venda de BotNets a spammers, que, por sua vez, encheram os bolsos enviando e-mails de phishing, roubando ficheiros, documentos ou informações pessoais, incluindo palavras-passe e outros dados sensíveis, para lançar campanhas de e-mail de spam, ataques de negação de serviço (DDoS) e esquemas de fraude em linha. Em alguns casos, um grande número de computadores podia mesmo ser gerido através de qualquer dispositivo com acesso à Internet, incluindo um telemóvel que suportasse WAP/GPRS, elevando ainda mais a fasquia da cibercriminalidade.

# CAPÍTULO 2

# PESQUISA BIBLIOGRÁFICA

A existência de BotNets foi reconhecida há vários anos, mas os estudos para a defesa de BotNets ainda estão numa fase inicial. Algumas empresas e instituições de segurança analisaram o tráfego das BotNets, o método de propagação e, além disso, propuseram mecanismos de deteção e resposta às BotNets. No entanto, os seus mecanismos de defesa centram-se nos sintomas de tráfego de rede anormal e na deteção de binários de bots através da correspondência com as assinaturas de códigos de bots conhecidos. Embora sejam úteis em muitos casos, têm limitações inevitáveis, como a incapacidade de detetar bots novos ou modificados. Foram efectuadas algumas investigações sobre a análise metodológica do bot e da BotNet, tais como os seus comportamentos, estatísticas e medições de tráfego, que são enumeradas a seguir:

1. Cooke et al. [1] descreveram as origens e a estrutura dos bots e das BotNets, os dados da comunidade de operadores e estudaram a eficácia da deteção de BotNets através da monitorização direta das comunicações IRC ou de outras actividades de comando e controlo, mostrando que é necessária uma abordagem mais abrangente.
2. Barford et al. [2] apresentaram uma perspetiva baseada numa análise aprofundada do código-fonte do software BotNet e revelam a complexidade do software BotNet, discutindo as implicações para as estratégias de defesa com base na análise.
3. Rajab et al. [3] construíram uma infraestrutura multifacetada para capturar e rastrear simultaneamente várias BotNets na natureza, e conseguiram uma análise abrangente das medições que reflectem vários aspectos estruturais e comportamentais importantes das BotNets. Estudaram o comportamento da BotNet, a prevalência da BotNet na Internet e a modelação do ciclo de vida da BotNet. Recentemente, foram feitas algumas tentativas para lidar com os problemas da BotNet e a maior parte delas centrou-se na sua deteção. Os bots estão a enviar consultas DNS para aceder ao servidor do canal C&C. Se pudermos saber o nome do domínio do servidor do canal C&C, então podemos colocar o nome do

domínio numa lista negra para técnicas de sinkhole para capturar o tráfego da BotNet e medir a BotNet.

4. Dagon et al. [4] identificaram as principais métricas para medir a utilidade de uma BotNet e descrevem várias estruturas topológicas que a BotNet pode utilizar para coordenar ataques. E utilizando as métricas de desempenho, consideram a capacidade de diferentes técnicas de resposta para degradar ou interromper as BotNets. O seu estudo utilizou o redireccionamento do DNS para monitorizar as BotNets. No entanto, esta abordagem não necessita de qualquer redireccionamento do DNS nem de comunicação com qualquer componente da BotNet. A Dagon também apresenta uma abordagem de deteção e resposta de BotNet com a análise da peculiaridade de BotNet que reúne tráfego DNS. No entanto, a técnica de deteção pode ser facilmente contornada quando os botmasters conhecem o mecanismo e o envenenam utilizando consultas DNS falsas.
5. Binkley [5] propôs um algoritmo baseado em anomalias para detetar malhas de BotNet baseadas em IRC. O algoritmo combina uma componente de deteção de malhas IRC com uma heurística de deteção de scan TCP chamada TCP work weight. Conseguem detetar canais IRC com um anfitrião de peso de trabalho elevado, mas alguns deles podem não ser membros da BotNet, análise adicional para muitos casos limítrofes, tal como mencionado no artigo.
6. Ramachandran [6] desenvolveu técnicas e heurísticas para detetar a atividade de reconhecimento da DNSBL, através da qual os botmasters efectuam pesquisas na DNSBL para determinar se os seus bots de spam foram colocados na lista negra. Esta abordagem de deteção de BotNet é derivada de uma nova ideia que detecta a atividade de reconhecimento da DNSBL por parte dos botmasters, mas também tem falsos positivos e alguns defeitos que são referidos no seu documento. As BotNets são construídas e geridas em várias fases, como a infeção de bots, a reunião de servidores C&C e outros tipos de actividades maliciosas. A defesa contra ataques BotNet parece ser uma tarefa muito complicada. Apenas alguns trabalhos foram realizados nesta área, mas são necessárias mais melhorias para efeitos de utilização prática.
7. Choi et al. [7] desenvolveram um mecanismo de deteção de botnets através da monitorização das actividades de grupo no tráfego DNS. O botmaster constrói e gere a

sua rede de bots em várias etapas e os bots dirigem-se ao servidor (C&C) numa fase inicial. A maior parte dos bots utiliza o DNS no processo de reunião e o tráfego DNS tem caraterísticas únicas que definimos como atividade de grupo. O tráfego DNS também apareceu noutras fases, pelo que, utilizando a propriedade de atividade de grupo do tráfego DNS da botnet, esta é detectada.

No capítulo 7 é dada uma explicação detalhada de algumas das abordagens de deteção de BotNet acima referidas e do seu funcionamento.

# CAPÍTULO 3

# VISÃO GERAL TÉCNICA DA BOTNET

## 3.1 Arquitecturas BotNet

Existem algumas topologias descritas neste capítulo. Estas diferem umas das outras pela dimensão que podem atingir, pela facilidade com que podem ser detectadas e perturbadas e pela forma como trocam mensagens e comandos (comando e controlo). As vantagens e fraquezas que lhes estão associadas são apresentadas na Tabela 1.

| Topology | Design Complexity | Detectability | Message Latency | survivability |
|---|---|---|---|---|
| Centralized | Low | Medium | Low | Low |
| Peer-to-Peer | Medium | Low | Medium | Medium |
| Hybrid | Low | High | High | High |

**Quadro 1: Topologias de comando e controlo**

### 3.1.1 Centralizado

O tipo mais antigo de topologia é a forma centralizada, veja a figura 2 na página seguinte. Existe um ponto central que encaminha comandos e dados entre o herder da BotNet e seus clientes BotNet. A grande vantagem é que há pouca latência. A maior desvantagem é que eles podem ser mais facilmente detectados do que descentralizados, uma vez que todas as conexões levam a alguns nós. Além disso, quando um servidor IRC é interrompido ou desconectado, uma filial inteira ou talvez toda a BotNet pode ficar offline porque o Herder da BotNet não pode mais passar nenhuma mensagem para os bots.

A passagem de comandos e dados em sistemas centralizados passa por um ponto central: na maioria dos casos, todos eles se conectam a um nó C&C central ou a um servidor IRC central onde receberão seus comandos. Estes servidores IRC podem ser configurados em computadores pirateados, ou as BotNets podem usar servidores IRC públicos. Quando o servidor de IRC é desligado, a BotNet fica "Perdida", o que significa que o herder da BotNet não será capaz de

enviar comandos e dados para os bots, tornando os seus bots inúteis. As IRC BotNets mais modernas são mais resistentes porque usam uma lista de endereços IP de servidores IRC alternativos, que usarão no caso de um servidor IRC ficar offline.

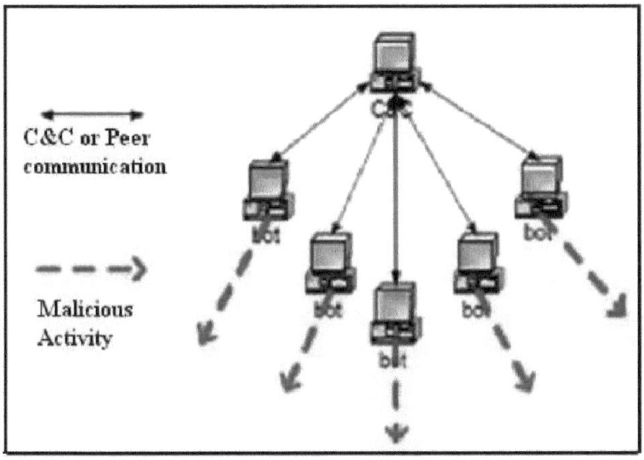


**Figura 2: Arquitetura centralizada da Botnet**

### 3.1.2 Peer-to-Peer ou descentralizado

Uma rede informática ponto-a-ponto (ou P2P) utiliza uma topologia em malha parcial ou total e a largura de banda cumulativa dos participantes na rede. As redes peer-to-peer são normalmente utilizadas para ligar um grande número de nós através de ligações ad hoc. Estas redes diferem do modelo tradicional cliente-servidor porque os nós pares (cliente e servidor) são todos iguais. As topologias descentralizadas não têm um nó central que possa ser simplesmente derrubado para desativar a BotNet. Em vez disso, todos eles estão ligados uns aos outros de alguma forma. Alguns protocolos utilizam servidores centralizados para operações de pesquisa (como o napster ou definem "superpeers" para manter um índice ou atuar como corretor).

A topologia peer-to-peer é relativamente nova, ver figura 3 na página seguinte. Ela tem algumas grandes vantagens sobre a topologia centralizada. A comunicação peer-to-peer é mais difícil de detetar porque não se liga a um nó central. Quando se desligam bots do sistema peer-to-peer, isto não terá um efeito significativo nos restantes bots, tornando mais difícil perturbar toda a BotNet.

Os bots precisam de um bootstrapping antes de se juntarem à BotNet: eles têm de conhecer um bot já ligado, e depois juntarem-se à BotNet através desse bot. O bot conectado irá então passar informações sobre a BotNet para o novo bot conectado, efetivamente tornando-o parte da BotNet. Existem algumas implementações disponíveis para esta topologia para passar comandos e dados. Uma delas é estruturar a BotNet usando um serviço de localização usando DHT, como o chord, mas a desvantagem é que ele revela informações sobre outros nós. Outro método é usar o DHT com o algoritmo Kademlia. A Peacomm utiliza o protocolo Overnet, que se baseia no algoritmo Kademlia para comunicar.

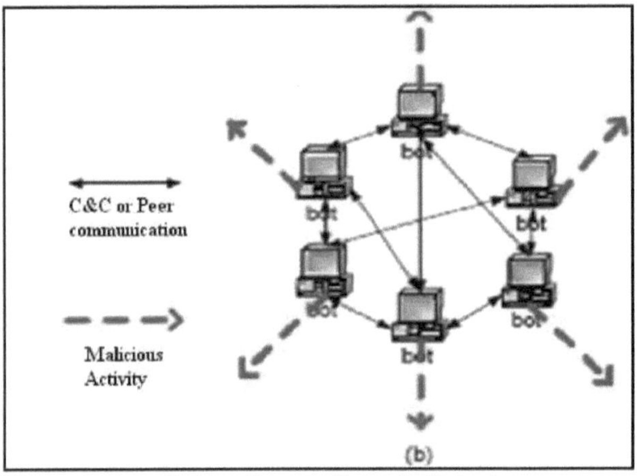


**Figura 3: Arquitetura Peer-to-Peer da Botnet**

### 3.1.3 Híbrido

Os sistemas P2P híbridos não estão ligados e são apenas teóricos, ver Figura 4. Existem algumas diferenças distintas entre a topologia peer-to-peer e a topologia centralizada. Primeiro, o bot se comunica através de uma lista de pares contida em cada bot. Cada bot tem sua própria lista fixa e limitada, que não revelará a outros bots. Quando um bot é comprometido, apenas um

um número limitado de nós é exposto. Desta forma, a BotNet não necessita de bootstrapping; pode ligar-se à BotNet diretamente. Há uma desvantagem sobre este método: apenas bots com um IP estático podem ser escolhidos para aparecer na lista porque é codificado. Cada bot servidor escuta numa porta auto-determinada para ligações de entrada e usa uma chave de encriptação simétrica auto-gerada para o tráfego de entrada. Isto faz com que seja muito difícil de detetar porque cada tráfego de bots usa uma chave de encriptação diferente. O mestre da BotNet emite comandos para os seus bots servidores (listados na lista de pares). Estes servidores encaminharão os comandos para os outros nós.

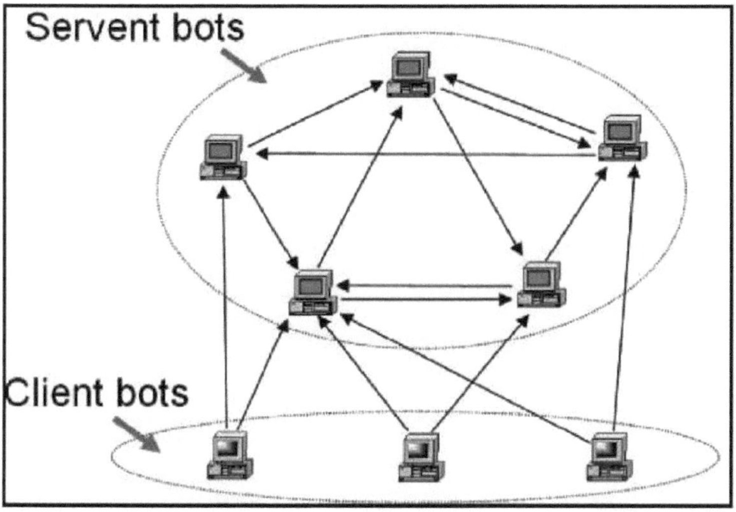


**Figura 4: Arquitetura híbrida do Botnet**

## 3.2 Tipos de Bots

Vamos agora analisar mais detalhadamente algumas variantes específicas de bots para lhe dar uma visão geral do tipo de bots que podem ser encontrados na natureza.

### 3.2.1 Agobot e variantes

Presumivelmente, a família mais conhecida de bots inclui o Agobot/Gaobot; suas variantes Phatbot, Forbot e XtrmBot; e vários outros. Atualmente, os antivírus (AV)

O fornecedor Sophos lista mais de 1500 versões diferentes conhecidas do Agobot, e este número está a aumentar constantemente. O código fonte do Agobot foi publicado em vários sites em abril de 2004, resultando na criação de muitas novas variantes todas as semanas. O Agobot foi escrito por um jovem alemão que foi preso e acusado ao abrigo da lei de sabotagem informática por criar código informático malicioso em maio de 2004. O bot foi escrito em

C++ com capacidades multiplataforma e apresenta uma conceção abstrata muito elevada. Está estruturado de uma forma muito modular e é muito fácil adicionar comandos ou scanners para outras vulnerabilidades.

Para o controlo remoto, esta família de bots utiliza normalmente um servidor IRC C&C central. Algumas variantes também usam a comunicação P2P através da rede descentralizada WASTE, evitando assim um servidor central. Na variante que analisámos, foram implementadas oito funções relacionadas com DoS e seis mecanismos de atualização diferentes. Além disso, existem pelo menos dez mecanismos de propagação. Este malware é também capaz de terminar processos que pertencem a aplicações antivírus e de monitorização. Além disso, algumas variantes modificam o ficheiro hosts, que contém os mapeamentos de nomes de anfitriões para endereços IP. O malware anexa uma lista de endereços de sites, por exemplo, de fornecedores de AV e redirecciona-os para o endereço de loopback. Isto impede o utilizador infetado de aceder ao local especificado. O Agobot e as suas variantes usam uma biblioteca de sniffing de pacotes (libpcap) e Perl Compatible Regular Expressions (PCRE) para farejar e classificar o tráfego de rede que passa pelo computador da vítima. Isto pode ser usado para obter informações sensíveis da vítima. Além disso, o Agobot pode usar o NTFS Alternate Data Stream (ADS) para se esconder e oferece capacidades de rootkit, como a ocultação de ficheiros e processos, para esconder a sua própria presença num anfitrião comprometido. Além disso, a engenharia inversa deste malware é mais difícil, uma vez que inclui funções para detetar depuradores e máquinas virtuais, e encripta a configuração no binário. Após o arranque, o programa tenta executar um teste de velocidade para a conetividade com a Internet. Ao aceder a vários servidores e enviar dados para eles, este bot tenta estimar a largura de banda disponível da vítima. Esta atividade do bot permite-nos estimar o número real de hosts comprometidos por este bot em particular. Por exemplo, o Agobot usa www.belwue.de como um dos domínios para este teste de velocidade. Assim, os administradores deste domínio podem fazer uma estimativa sobre a implantação real do bot, observando a frequência com que este teste de velocidade foi efectuado. Em maio de 2004, cerca de 300.000 endereços IP únicos podiam ser identificados desta forma por dia. Isto mostra que os bots são uma ameaça real atualmente.

### 3.2.2 SDBot e variantes

O SDBot e as suas variantes RBot, UrBot, UrXBot, Spybot, são, neste momento, os bots mais activos na natureza. Toda a família de SDBots é escrita em C e existem literalmente milhares de versões diferentes, uma vez que o código-fonte é público. O código fonte deste bot não é tão bem desenhado ou escrito como o código fonte do Agobot. Ele oferece recursos semelhantes aos do Agobot, embora o conjunto de comandos não seja tão grande nem a implementação tão sofisticada. No entanto, muitos atacantes usam esta família de bots. Para o controlo remoto, este bot normalmente só oferece a utilização de um servidor IRC central. Mas também existem variantes que usam HTTP para comandar os bots. Mais uma vez, são implementados os comandos típicos para controlo remoto. Mais de dez ataques DDoS e quatro funções de atualização foram implementadas nos bots que analisámos. Além disso, esse bot incorpora muitas técnicas diferentes para se propagar ainda mais. Tal como o Agobot e as suas variantes, toda a família de SDBots inclui mais de dez possibilidades diferentes de propagação, incluindo a exploração para comprometer sistemas remotos e a propagação com outros mecanismos.

A evolução dos bots ao longo do tempo pode ser observada através desta família de bots. Cada nova versão integra algumas novas funcionalidades e cada nova variante resulta em algumas melhorias importantes. As novas vulnerabilidades são integradas num par de dias após o anúncio público e, quando uma versão tem novas capacidades de propagação, todas as outras integram-nas muito rapidamente. Além disso, existem pequenas modificações que implementam caraterísticas específicas (por exemplo, encriptação de palavras-passe dentro do malware) que podem ser integradas noutras variantes. Apresentaremos algumas funcionalidades avançadas do SDbot e das suas variantes na secção 3.2.2, onde apontamos alguns casos de utilização de bots como spyware.

### 3.2.3 Bots baseados no mIRC

Nós subsumimos todos os bots baseados em mIRC como GT-bots, já que existem tantas versões diferentes deles que é difícil ter uma visão geral de todos os forks. mIRC em si é um cliente IRC popular para Windows. GT é uma abreviação de "Global Threat" (Ameaça Global), e esse é o nome comum usado para todos os bots com scripts do mIRC. Estes bots lançam uma instância do cliente de chat mIRC com um conjunto de scripts e outros binários, pelo que o mecanismo de controlo remoto é o IRC. Um binário que encontrámos em quase todos os casos é um executável HideWindow utilizado para tornar a instância do mIRC invisível para o utilizador. Os outros binários são principalmente bibliotecas de ligação dinâmica (DLLs) ligadas ao mIRC que acrescentam algumas novas funcionalidades que os scripts mIRC podem utilizar. Os scripts do mIRC são usados para controlar o bot e para implementar vários comandos. Podem aceder às funções de propagação nas DLLs, permitindo assim uma maior propagação. Os GT-bots espalham-se explorando fraquezas em computadores remotos e carregando-se a si próprios em hosts comprometidos. Uma desvantagem é o seu grande tamanho de ficheiro, que por vezes ultrapassa 1 MB. Mas, para além desta desvantagem, podem ser classificados com o esquema que acabámos de apresentar.

### 3.2.4 Zotob/Mytob

Em termos estritos, o Zotob é apenas uma variante do Rbot. Ganhou muita atenção dos media, uma vez que afectou máquinas de empresas como a CNN, a ABC e o New York Times. O Zotob foi um dos primeiros bots a incluir o exploit para o boletim de segurança da Microsoft MS05-039 (vulnerabilidade no componente Plug-and- Play do Windows 2000), lançado em 9 de agosto de 2005. Apenas quatro dias após o boletim de segurança, o Zotob começou a espalhar-se e a comprometer máquinas não corrigidas. Espalhou-se rapidamente e, durante um programa ao vivo, os repórteres da CNN informaram que os seus computadores tinham sido afectados por um novo worm. Mas a fama dos incomodados durou pouco: 13 dias após o primeiro lançamento, a 26 de agosto, a polícia marroquina prendeu, a pedido do FBI, o suspeito de ser o autor do bot. Ao mesmo tempo, outro jovem da Turquia foi preso como suspeito de ser o programador do Zotob.

### 3.2.5 Verme da tempestade

Começando com o Nugache, temos visto cada vez mais bots que usam protocolos baseados em p2p para comando e controlo da BotNet. Um exemplo proeminente é o Storm Worm, para o qual uma análise detalhada e muito boa está disponível por Joe Stewart. Esse malware em particular usa uma variação do protocolo eDonkey para trocar mensagens de comando e atualização entre os bots. O Storm Worm foi usado principalmente para atacar uma série de sites anti-spam através de ataques DDoS. Como essa BotNet não tem um servidor central usado para C&C, é bastante difícil rastreá-la, e desligá-la é ainda mais difícil.

### 3.2.6 Outros bots interessantes

Para além destes cinco tipos de bots, que são bem conhecidos, existem também outros bots que não estão muito difundidos. Alguns bots oferecem caraterísticas interessantes e merecem ser mencionados aqui. O Xot e o seu sucessor, o XT Bot, são dois bots que implementam uma funcionalidade chamada Dynamic Remote Settings Stub (DRSS). Com a ajuda do DRSS, o fluxo de comunicação entre o atacante e os bots fica oculto. Isto funciona através da incorporação dos comandos num ficheiro - por exemplo, numa imagem. Este ficheiro é depois carregado pelo atacante para um servidor. O bot no computador da vítima faz o download do ficheiro, extrai a informação e interpreta os comandos. Assim, o fluxo de comandos é escondido com a ajuda da esteganografia. O bot Dataspy Network X (DSNX) é escrito em C++ e tem uma conveniente interface de plug-in. Um atacante pode facilmente escrever scanners e spreaders como plug-ins e alargar as funcionalidades do bot. Este bot tem uma grande desvantagem: A versão padrão não vem com nenhum spreader. Mas há plug-ins disponíveis para ultrapassar esta "lacuna". Além disso, estão disponíveis plug-ins que oferecem serviços como ataques DDoS, interface portscan ou servidor Web oculto, que podem ser utilizados por um atacante. Uma abordagem interessante no domínio dos bots é o Bobax. Utiliza pedidos HTTP como canal de comunicação, implementando assim um controlo remoto mais discreto do que o C&C baseado no IRC. Além disso, implementa mecanismos para se espalhar mais e para descarregar e executar ficheiros arbitrários. Ao contrário de outros bots, o objetivo principal do Bobax é o envio de spam. Com a ajuda do Bobax, uma rede automatizada de envio de spam pode ser configurada muito facilmente. Trata-se de uma variante do Codbot, uma família de bots muito difundida. As estimativas comuns do tamanho da BotNet alcançada pelo Toxbot vão desde algumas centenas de milhares de máquinas comprometidas até mais de um milhão. Não é possível dar um número exato, mas parece que o Toxbot foi capaz de comprometer um grande número de máquinas. Outro bot especial chama-se aIRCBot. É muito pequeno, com apenas 2560 bytes. Não é um bot típico porque apenas implementa um mecanismo rudimentar de controlo remoto. O bot só entende comandos IRC brutos. Além disso, faltam funções para se espalhar mais. No entanto, devido ao seu pequeno tamanho, pode ser usado por atacantes. Q8Bot e kaiten são bots muito pequenos, consistindo em apenas algumas centenas de linhas de código-fonte. Ambos têm uma vantagem adicional: são escritos para sistemas Unix/Linux. Estes programas implementam todas as caraterísticas comuns de um bot: atualização dinâmica através de descarregamentos HTTP, vários ataques DDoS (por exemplo, SYN-flooding e UDP-flooding), um mecanismo de controlo remoto, e muito mais. Na versão que capturámos, os propagadores estão ausentes, mas presumivelmente existem versões destes bots que também incluem mecanismos para se propagarem mais.

# CAPÍTULO 4

# FUNCIONAMENTO DOS BOTS

## 4.1 Elementos de ataque:

A figura 5 mostra diferentes elementos de ataque

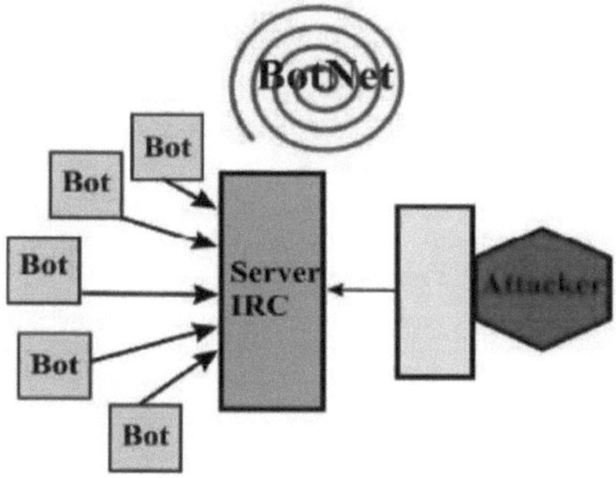


**Figura 5: Elementos da BotNet**

1. Um atacante começa por espalhar um cavalo de Troia, que infecta vários hospedeiros. Estes hospedeiros tornam-se zombies e ligam-se ao servidor IRC para ouvir outros comandos.
2. O servidor de IRC pode ser uma máquina pública numa das redes de IRC ou um servidor dedicado instalado pelo atacante num dos anfitriões comprometidos.
3. Os bots funcionam em computadores comprometidos, formando uma BotNet.

## 4.2 BotNets expostos

É imperativo ter uma compreensão mais completa do funcionamento das BotNets para formular e fornecer mecanismos de proteção eficazes aos fornecedores e assinantes.

### 4.2.1 Seleção de bots e exploits

As BotNets começam normalmente quando um indivíduo, conhecido como "botmaster", descarrega um programa bot e explora o código. O botmaster não precisa de atuar sozinho; de facto, as investigações criminais começaram a ligar as BotNets a sindicatos do crime organizado, pelo que o problema não está de forma alguma isolado a um punhado de indivíduos que actuam sozinhos.

Programas de bots como AgoBot, SGBot e IRCBot estão disponíveis gratuitamente na Internet, assim como o código de exploit, tornando a criação de bots armados uma tarefa simples. Geralmente, são selecionados exploits para os sistemas operativos Windows da Microsoft.

Estes exploits são atractivos devido ao grande número de exploits de segurança disponíveis e à adoção generalizada do Windows entre os utilizadores empresariais e residenciais. Ao ligar simplesmente o código do exploit ao software do bot pronto a usar, o botmaster cria uma arma capaz de infetar e assumir o controlo de sistemas vulneráveis, a grande maioria dos quais pertencerá a subscritores residenciais de banda larga desprevenidos.

Há muito que os assinantes residenciais são considerados um elo fraco na segurança das redes, dado que um número relativamente pequeno de utilizadores possui os conhecimentos técnicos ou a consciência das ameaças para tentar proteger os seus sistemas. Com o crescimento contínuo das ligações de banda larga à Internet, as redes residenciais tornaram-se rapidamente num buffet para os autores e distribuidores de malware.

### 4.2.2 Plano de controlo

Depois de selecionar a combinação de bot e exploit, o botmaster deve agora configurar um ou mais planos de controle. A técnica mais comum é usar servidores IRC públicos para controlar a BotNet, embora existam outras opções. Enquanto investigávamos um ataque distribuído de negação de serviço contra o Million Dollar Homepage, descobrimos que o sistema de controlo era um servidor Web sequestrado que emitia instruções para

o BotNet atacante através de cadeias de caracteres HTTP encriptadas. Outros planos de controlo frequentemente utilizados incluem HTTPS, SMTP, UDP proprietário e TCP.

O botmaster precisa de um plano de controlo para emitir comandos e receber feedback da BotNet. Ao utilizar esta abordagem, torna-se uma questão trivial coordenar actividades em milhares de máquinas distribuídas, mantendo o controlo do estado da própria rede.

Os aviões de controlo são frequentemente deslocados para evitar a deteção; é uma questão trivial para o botmaster direcionar o exército para um local diferente.

### 4.2.3 Infeção inicial e expansão do exército

O botmaster deve agora começar a construir o exército de zombies que irá compor a BotNet. Usando o exploit escolhido, o botmaster viola e assume o controlo de um punhado de sistemas, como mostra a Figura 6.

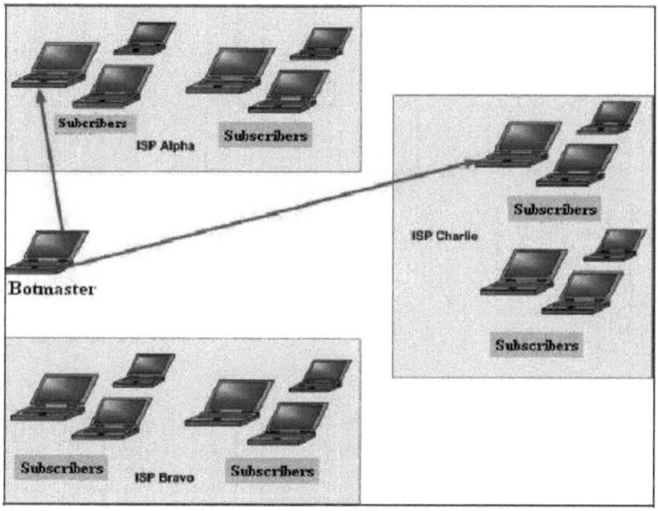


**Figura 6: O Botmaster viola os objectivos iniciais**

Quando uma máquina é comprometida, começa imediatamente a ouvir instruções no plano de controlo. Durante a infância da BotNet, os sistemas são normalmente instruídos apenas para procurar e penetrar automaticamente em máquinas adicionais. Geralmente, independentemente das outras actividades em que um determinado PC zombie está envolvido, existe sempre a atividade de fundo de procurar novos "recrutas". Cada sistema é capaz de analisar milhares de endereços IP por minuto, pelo que, mesmo que apenas um PC em cada cem seja vulnerável a uma determinada exploração, as BotNets podem crescer rapidamente até às dezenas de milhares.

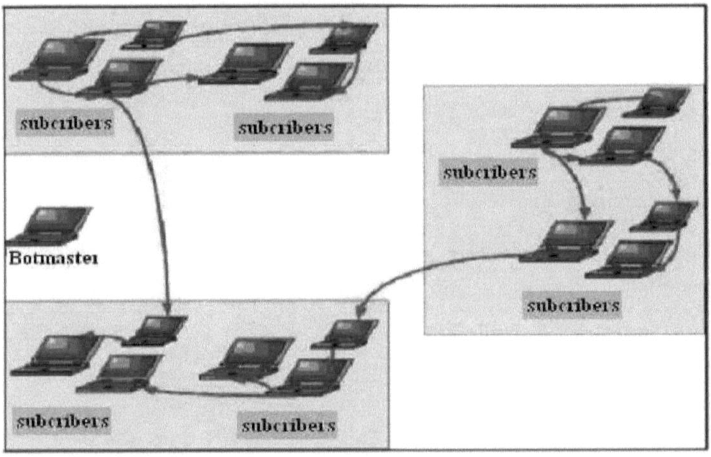


**Figura 7: Os zombies começam a infetar outros sistemas**

Cada sistema comprometido liga-se de novo ao plano de controlo para aguardar novas instruções. Nesta fase, o botmaster tem um único ponto de controlo sobre um exército de PCs ligados em banda larga.

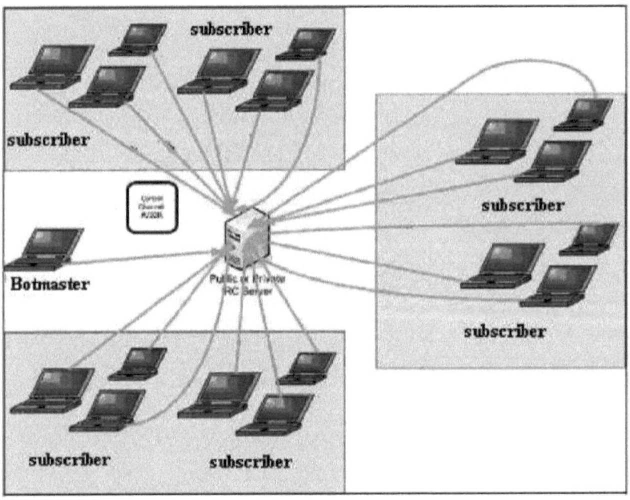


**Figura 8: A BotNet está completa**

## 4.3 Ciclo de vida da BotNet

As BotNet são frequentemente geridas por programadores maliciosos com competências especializadas, enquanto os atacantes avançados operam o canal de controlo. Estas pessoas utilizam a BotNet para fins comerciais e "vendem" os serviços. Também instalam software especial para roubar informações. Alguns atacantes são altamente qualificados e pertencem a estruturas criminosas bem organizadas. Armados com o poder de milhares de Bots, é-lhes viável derrubar quase todos os sites ou redes instantaneamente. Por outras palavras, as BotNet são armas de poder. A figura 9 ilustra as várias fases de um ciclo de vida típico de uma BotNet e de um único bot.

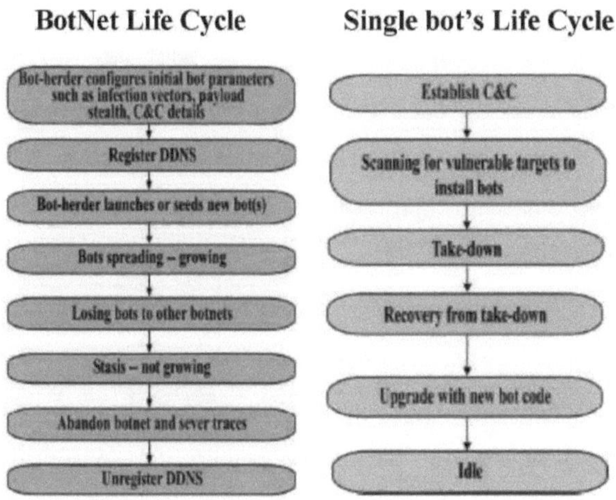


**Figura 9: Ciclo de vida da BotNet e de um único bot**

# CAPÍTULO 5

# ACTIVIDADES DA REDE DE BOTS

## 5.1 Actividades maliciosas da BotNet

Os Bots facilitam a administração e monitorização dos canais IRC. BotNet melhora as capacidades dos Bots, e também adiciona capacidades (para estabelecer redes 'privadas'). Os bots são capazes de criar e operar redes privadas. Estas redes são depois amplamente utilizadas para transferência de ficheiros e armazenamento distribuído de ficheiros. Não existe qualquer mecanismo de controlo para detetar o tipo de ficheiros que são armazenados ou transferidos. Estes ficheiros podem incluir material ilegítimo. As BotNets podem ser utilizadas abusivamente para ataques de rede coordenados sob um único controlo. São frequentemente utilizadas de forma abusiva para ataques de negação de serviço, quer contra operadores de canais, de modo a obter o controlo do canal, quer contra alvos distintos como servidores Web, de modo a torná-los indisponíveis durante um longo período. As BotNets são também utilizadas de forma abusiva para a análise distribuída, a exploração de vulnerabilidades, a computação distribuída (quebra de códigos por força bruta), o envio de spam/bombing por correio eletrónico, a distribuição de malware e qualquer atividade ilegítima que possa ser repartida por vários sistemas. As várias actividades maliciosas realizadas pelas BotNets são enumeradas a seguir.

### 5.1.1 Atacar a rede IRC

As BotNets são utilizadas para atacar redes de IRC. A vítima é inundada por pedidos de serviço de milhares de Bots e, assim, a rede IRC da vítima é derrubada.

### 5.1.2 Negação de serviços distribuída (DDoS)

O DDoS é um ataque a um sistema informático ou a uma rede que provoca uma perda de serviços/rede para os utilizadores ao consumir a largura de banda da rede vítima. O caminho do recurso é esgotado se o ataque DDoS causar muitos pacotes por segundo (PPS). Os ataques DDoS não se limitam aos servidores Web, praticamente qualquer serviço disponível na

Internet pode ser alvo de um ataque deste tipo. Os protocolos de nível superior podem ser utilizados de forma abusiva para aumentar a carga de forma ainda mais eficaz, recorrendo a ataques muito específicos, como a execução de consultas de pesquisa exaustivas em quadros de avisos ou inundações HTTP recursivas no sítio Web da vítima, designadas por spidering.

### 5.1.3 Registo de chaves

Com a ajuda de um registador de chaves, é muito fácil para um atacante obter informações sensíveis. Existe um mecanismo de filtragem que ajuda a roubar dados secretos. Os programas de registo de teclas captam os eventos do teclado e registam os dados das teclas antes de serem enviados para a aplicação pretendida para processamento. Isto significa que mesmo as aplicações protegidas por SSL e VPN são vulneráveis porque os dados são capturados pelo spyware antes da encriptação. Os keyloggers normalmente activam ou desactivam a sua captura com base em palavras-chave ou eventos. Um dos dados mais frequentemente visados inclui:

- Informações sobre o cartão de crédito
- Credenciais de autenticação
- Informações pessoais úteis para a usurpação de identidade
- Conteúdo de correio eletrónico e mensagens instantâneas

A recolha de todos os dados relacionados com um ambiente informático pode criar um volume de dados que é difícil ou ineficiente para extrair informações valiosas. Por este motivo, o malware BotNet evoluiu e agora inclui frequentemente funcionalidades para limitar os dados recolhidos com base em factores ambientais, como os nomes dos processos activos, o título da janela ativa, palavras-chave em URLs, páginas Web e conteúdo de correio eletrónico. A concentração dos parâmetros de recolha e a filtragem do ruído ajudaram os atacantes a aumentar o valor dos dados recolhidos.

### 5.1.4 Deteção de tráfego

Os bots também podem utilizar um sniffer de pacotes para observar os dados em texto claro que passam por uma máquina comprometida. Os sniffers são utilizados para obter informações sensíveis, tais como nomes de utilizador e palavras-passe.

### 5.1.5 Spamming

Alguns bots podem abrir um proxy SOCKS v4/v5, um protocolo proxy genérico para aplicações de rede baseadas em TCP/IP, numa máquina comprometida. Depois de ter ativado o proxy SOCKS, esta máquina pode então ser usada para tarefas nefastas como o envio de spam. Com a ajuda do BotNet, um atacante pode então enviar grandes quantidades de correio eletrónico em massa (spam). Alguns Bots também recolhem endereços de correio eletrónico.

### 5.1.6 Instalação de anúncios

As BotNets configuram um sítio Web falso com alguns anúncios. O operador deste site negoceia um acordo com algumas empresas de alojamento que pagam por cliques nos anúncios. Com a ajuda da BotNet, estes cliques podem ser "automatizados" de modo a que instantaneamente alguns milhares de Bots cliquem nos pop-ups, sequestrem a página inicial de uma máquina comprometida de modo a que os "cliques" sejam executados de cada vez que a vítima utiliza o browser.

### 5.1.7 Disseminação de novo malware

Isto é fácil porque todos os Bots implementam mecanismos para descarregar e executar um ficheiro via HTTP ou FTP. Assim, espalhar vírus por correio eletrónico é muito fácil utilizando uma BotNet. As BotNets recrutam frequentemente novos hospedeiros utilizando abordagens semelhantes às de outro malware (ou seja, vírus e worms). Um dos métodos que as BotNets utilizam para comprometer novos hospedeiros é a engenharia social e a distribuição de mensagens de correio eletrónico maliciosas. Num cenário comum, uma BotNet pode distribuir mensagens de correio eletrónico com malware anexado, ou talvez uma ligação incorporada a um binário de malware localizado noutro local. As técnicas de engenharia social são utilizadas para enganar os utilizadores de computador e levá-los a executar o malware, o que leva ao comprometimento dos anfitriões. Uma mensagem de correio eletrónico malicioso é criada de forma a conter um assunto apelativo, tal como Foto interessante! Ou Veja esta fotografia! Ao mesmo tempo, o e-mail contém um anexo infetado que pode assemelhar-se muito a um ficheiro gráfico jpg (ver o ficheiro *fotos* na captura de ecrã abaixo) quando visto pelo leitor de e-mail do utilizador. Note-se que este ficheiro é, na realidade, um programa do Windows, chamado *fotos.exe*. Na configuração padrão do Windows, o Explorer mostrará o ficheiro com a extensão .exe oculta. Um utilizador de confiança pode ser facilmente enganado para clicar e, portanto, executar o ficheiro. Consequentemente, o malware é capaz de comprometer o computador hospedeiro.

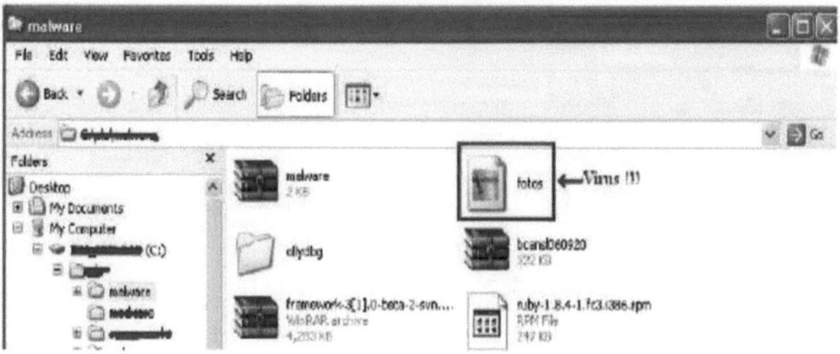


### 5.1.8 Manipulação de sondagens ou jogos online

Estes são muito fáceis de manipular devido à sua grande atenção. Uma vez que cada Bot tem um endereço IP distinto e faz a manipulação. Cada voto terá a mesma credibilidade que um voto dado por uma pessoa real. Os jogos em linha podem ser manipulados de forma semelhante.

### 5.1.9 Roubo de identidade em massa

Combinando as diferentes funções acima referidas, são utilizados para a usurpação de identidade em grande escala, que é um dos crimes com maior crescimento na Internet. As mensagens de correio eletrónico falsas que fingem ser legítimas (como as mensagens de correio eletrónico dos bancos) pedem às suas vítimas da Internet que entrem em linha e forneçam as suas informações privadas. As mensagens de correio eletrónico falsas são geradas e enviadas por Bots através do seu mecanismo de spamming. Estes Bots também podem alojar vários sítios Web falsos e, quando um desses sítios falsos é encerrado, pode aparecer outro. Além disso, o keylogging e o sniffing do tráfego também podem ser utilizados para roubo de identidade.

# CAPÍTULO 6

# MECANISMOS DE DETECÇÃO E DEFESA DE BOTNETS

## 1.1 Métodos de deteção de BotNets

Como mencionado na secção anterior, a gama de fontes de dados para detetar uma BotNet ativa varia em termos de âmbito, latência e interatividade. São utilizadas diferentes fontes de dados para detetar uma BotNet ativa; algumas delas são descritas abaixo e resumidas na Tabela 2.

| Data Source | Scope | Detection Time | User | Type |
|---|---|---|---|---|
| Victim | Individual Machine | After Infection | Unhappy End - user | Direct, Indirect |
| Honeypots and Spampots | Varies | Early | Security Researchers | Direct |
| Anti-Virus Software | Individual Machine | Infection Attempt | End-user Network Operator | Direct |
| Intrusion Detection Systems with signature | Network | Infection Attempt | Network Operator | Direct |
| Intrusion Detection Systems without signature | Network | After Infection | Network Operator | Indirect |
| DNS-based Intrusion Detection Systems (IDS) | Network | After Infection | Network Operator | Indirect |
| Flow Data | Several Network | Early to Postmortem | Network Operator | Direct, Indirect |

**Table 2: Diferentes métodos de deteção de BotNet**

### 6.1.1 Vítimas

O primeiro detetor de infeção BotNet é frequentemente um utilizador final, cujo computador foi comprometido. É possível investigar o mecanismo de controlo utilizado a partir do computador da vítima, mas isso tem a limitação de que, normalmente, pouco se sabe sobre a atividade criminosa para a qual foi utilizado.

### 6.1.2 Pontas de mel e manchas

Os Honeypots são colocados na rede e monitorizados de perto para detetar infecções. Os Honeypots recolhem informações sobre o funcionamento do malware, incluindo a obtenção do payload do Trojan e a monitorização do tráfego da BotNet.

Os nepenthes são uma ferramenta que interage com o worm que está a tentar espalhar-se para o honeypot. Os spampots recolhem malware através da recolha de spam de correio eletrónico para encontrar instâncias novas e desconhecidas. Os inconvenientes do honeypot são

1. É necessário que sejam infectados primeiro e, quando a infeção ocorre através de um worm, que tenta atacar o maior número possível de anfitriões na Internet, é necessário prestar atenção à filtragem de saída do tráfego gerado pelo anfitrião infetado
2. O funcionamento de um honeypot coloca um problema jurídico em termos de privacidade dos dados e de responsabilidade;
3. Os bots podem conter capacidades anti-forenses, tais como mecanismos de deteção de honeypots. No entanto, os honeypots corretamente operados são capazes de fornecer informações valiosas sobre o software dos Bots e os canais C&C utilizados.

### 6.1.3 Software antivírus

O software antivírus (AV) é geralmente utilizado para impedir o malware, fazendo corresponder a assinatura da atividade maliciosa a alterações no sistema operativo e/ou na sua conetividade de rede. Uma vez que a assinatura é correspondida, o procedimento normal parece ser uma tentativa de colocar o código malicioso em quarentena e notificar o proprietário do computador ou uma consola de gestão AV central. Num ambiente empresarial, este procedimento pode ser um alerta para os administradores de sistemas, mas infelizmente os motores AV só podem detetar código malicioso que já tenha sido identificado anteriormente. A avaliação da utilidade do software AV como fonte de informação para as investigações da BotNet depende em grande medida da utilização específica do software.

### 6.1.4 Sistemas de deteção de intrusão

Os dados recolhidos da rede não interagem com os mecanismos instalados. Os ataques baseiam-se em assinaturas e só detectam actividades maliciosas quando o sistema está preparado para as detetar. As BotNets utilizam o IRC como mecanismo de controlo, mas outros protocolos como o P2P estão em vias de ser adoptados. As BotNets utilizam números de porta efémeros para os seus servidores IRC e algumas BotNets encriptam o tráfego C&C, pelo que é difícil detetar o tráfego das BotNets a partir da rede. É necessário um mecanismo de deteção passiva para identificar as caraterísticas secundárias da infeção por Bot, como a propagação ou a deteção do comportamento de ataque.

### 6.1.5 Sistemas de deteção de intrusão (IDS) baseados no DNS

Um novo tipo de IDS para BotNets utiliza a análise de consultas DNS para encontrar anfitriões com comportamento incorreto. As BotNets utilizam normalmente o DNS para encontrar o endereço IP do controlador, e o controlador muda rapidamente para um novo anfitrião à medida que os anteriores são desligados. Um IDS baseado no DNS procura consultas DNS anómalas e regista-as. Os IDS baseados em DNS são, no entanto, muito susceptíveis a falsos positivos e não são conclusivos para marcar anfitriões maus com 100% de certeza. Por conseguinte, devem ser utilizadas informações adicionais, como os dados NetFlow, para encontrar anfitriões e controladores comprometidos. Ao implementar o DNS passivo, apenas as consultas e as respectivas respostas são registadas, e não o anfitrião individual que gera as consultas. A infraestrutura de registo do DNS não será benéfica se não for incorporado um mecanismo de deteção nesta abordagem.

### 6.1.6 Dados de fluxo

Uma das fontes de informação sobre a infeção BotNet que está disponível para as organizações são os dados NetFlow recolhidos sobre o tráfego que atravessa a fronteira da rede. Vários formatos diferentes são usados para encapsular os dados do NetFlow. A versão mais recente do NetFlow é o formato extensível, que define atualmente 89 tipos de campos (por exemplo, etiquetas MPLS, endereços IPv6 e números AS associados aos dados). A tabela 3 mostra os tipos de campos que normalmente estão disponíveis num registo NetFlow. A existência de uma BotNet pode ser identificada, mas uma análise efectiva exige a correlação dos fluxos entre organizações, o que muitas vezes não é possível devido a razões técnicas e legais.

| Start Time | End Time | Source Interface | Source Address | Source Port | Destination Interface |
|---|---|---|---|---|---|
| Destination Address | Destination port | Protocol | TCP Flag | Packets | Bytes |

Tabela 3: Tipos de dados disponíveis num registo típico de NetFlow

Além disso, o armazenamento e a partilha de dados podem ser um problema para as grandes organizações, porque são necessárias cópias de segurança adicionais de gigabytes de dados devido ao facto de o volume de tráfego ser muito elevado. O método de anonimização acima descrito tem muitas vantagens. Ele preserva o prefixo, ou seja, endereços não anonimizados com um prefixo de k bits compartilharão um prefixo de k bits quando anonimizados. A anonimização é também baseada em criptografia e é consistente entre traços (se for usada a mesma chave criptográfica). O CANINE é uma ferramenta para aplicar este algoritmo aos dados NetFlow. Por último, ao analisar o endereço dos dados, a anonimização causa dificuldades, uma vez que os mesmos anfitriões C&C aparecem em vários registos. Assim, é necessário um mecanismo que permita verificar se dois endereços anónimos são os mesmos (sem revelar a identidade real).

### 6.2 Defesa contra BotNet

As defesas da BotNet podem ser agrupadas de duas formas:

1. Com base na fase (prevenção, deteção e resposta)
2. Por função (agente ou alvo).

As defesas para cada uma das seis situações resultantes (três fases e dois papéis para cada uma) são apresentadas na Tabela 4. Se o sistema tiver o ficheiro BotNet.exe, este tem de ser corrigido imediatamente, caso contrário pode causar uma série de problemas, tais como desempenho lento, perda de dados e fuga de informação para sítios Web. As recomendações de defesa contra o BotNet para utilizadores domésticos e empresariais estão resumidas na Tabela 5.

| | |
|---|---|
| **1(a) Prevention for Potential Agent** | - Patch and maintain systems<br>- Implement and monitor perimeter defenses.<br>- Enforce safe e-mail handling policy.<br>- Protect remote users systems.<br>- Educate users. |
| **1(b) Prevention for Potential Targets** | - All above<br>- Establishing DDoS defenses as appropriate (multiple internet connection, IP switching ability, traffic filtering/throttling etc. |
| **2 (a) Detection of Agent Activity** | - Monitor network traffic flow for BotNet activity.<br>- Monitor file transfers suspect e-mail etc.<br>- Monitor IDs systems for known BotNet activity.<br>- Monitor systems for BotNets behavior.<br>- Monitor traffic profiles for anomalous activity. |
| **2 (b) Detection of Target Activity** | - Follow General Detection techniques.<br>- Distinguish through distributed source. |
| **3 (a) Response for Agents** | - Remove the systems from network.<br>- Isolate the system if a trap and trace strategy is employed.<br>- For preserving evidence consider hard shut down.<br>- Preserve the data and relevant system locks (Firewalls, mail servers, IDs, DHCP Server, Web proxy locks etc.)<br>- Report to Law Enforcement Agency. |
| **3 (b) Response for Targets** | - Try filtering if small set of source IPs are detected.<br>- Change the target's IP address and black whole the attack traffic upstream.<br>- In sophisticated, flexible and coordinate attacks employ the following defenses.<br>- Recognize (fingerprint) the attack traffic and block it upstream.<br>- Add bandwidth (depends on the size of the attack)<br>- Provide only essential services, or service only a subset of the population.<br>- Employ rate-limiting (prior to or during an attack).<br>- Employ attack-specific defenses (i.e. SYN flood defense using host stack tuning perimeter defenses. etc.) |

**Tabela 4: Defesas de BotNet**

| | |
|---|---|
| **Defense against BotNet for Home Users** | • Keep operating system updated<br>• Keep antivirus/anti spyware programs updated<br>• Avoid installing anything i.e. no unnecessary and undesired installation<br>• Avoid clicking on links in e-mail messages, instant messages and social networking websites<br>• Stay away from file sharing networks |
| **Defense against BotNet for Corporate Users** | • Look for some key information e.g. IP address of the server or nick name of the Bot.<br>• Observe BotNets<br>• Collect binaries of Bots and extract the sensitive information<br>• Monitor the typical commands issued by attackers and try to capture their communication<br>• Learn about the motive of attackers and their tactics<br>• Develop an automated method to catch information about BotNets and a mechanism to effectively track BotNets |

**Table 5: Defesa contra BotNet para utilizadores domésticos e empresariais**

# CAPÍTULO 7

# TRABALHOS EXISTENTES SOBRE DETECÇÃO DE REDES DE BOTS

## 7.1 Botnets Deteção de Comando e Controlo

Para combater o problema crescente dos bots, Cooke et al. [1] identificaram duas abordagens para a deteção de botnets: detetar a comunicação de comando e controlo ou detetar as caraterísticas secundárias de uma infeção por bots. Nesta secção, estudamos métodos de deteção de botnets através da localização direta do tráfego de comando e controlo.

### 7.1.1 Comando e controlo baseados em IRC

Um bot tem de comunicar com um controlador para receber comandos ou enviar informações. Um método para estabelecer um canal de comunicação é ligar-se diretamente ao controlador. O problema é que esta ligação pode comprometer a localização do controlador. Em vez disso, o controlador do bot pode usar um proxy, como um ponto de entrega de mensagens públicas. No entanto, como os sítios Web e outros pontos de entrega podem introduzir uma latência de comunicação significativa, é desejável uma abordagem mais ativa. Um ponto de troca público bem conhecido que permite uma comunicação virtualmente instantânea é o IRC.

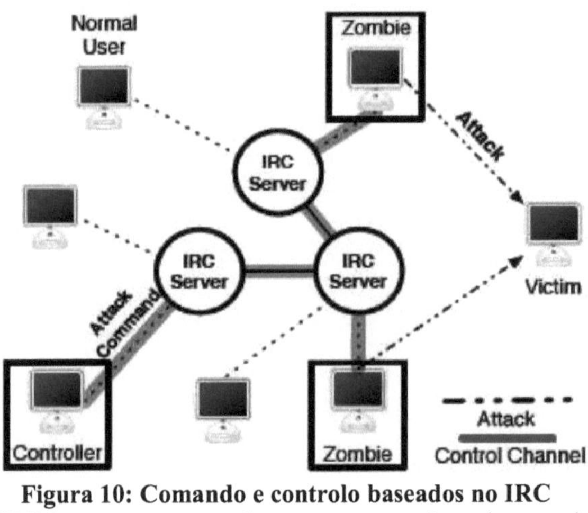


**Figura 10: Comando e controlo baseados no IRC**

O IRC fornece um protocolo comum que está amplamente implantado na Internet e tem uma sintaxe de comando simples baseada em texto. Há também um grande número de redes IRC existentes que podem ser utilizadas como pontos de troca públicos. Além disso, a maioria das redes IRC não dispõe de autenticação forte e estão disponíveis várias ferramentas para proporcionar o anonimato nas redes IRC. Assim, o IRC proporciona um canal de comando e controlo simples, de baixa latência, amplamente disponível e anónimo para a comunicação entre botnets. Uma rede IRC é composta por um ou mais servidores IRC, conforme ilustrado na Figura 10. Numa botnet típica, cada bot liga-se a uma rede IRC pública ou a um servidor IRC oculto noutro sistema comprometido. O bot entra então num canal nomeado e pode receber comandos diretamente de um controlador ou mesmo de sequências codificadas no título do canal. O bot e quaisquer outros bots no mesmo canal podem então ser instruídos a atacar como mostrado na Figura 10.

### 7.1.2 Deteção de Botnet baseada em IRC

Atualmente, a maioria dos bots conhecidos utiliza o IRC como protocolo de comunicação, e existem várias caraterísticas do IRC que podem ser aproveitadas para detetar bots. Um dos métodos mais simples de deteção de botnets baseadas em IRC consiste em desviar o tráfego de uma rede ativa para portas IRC conhecidas (por exemplo, a porta TCP 6667) e, em seguida, inspecionar os payloads em busca de cadeias de caracteres que correspondam a comandos de botnets conhecidos. Infelizmente, as botnets podem ser executadas em portas não padronizadas. Detectámos pelo menos três dessas botnets a funcionar em portas com números elevados na nossa experiência de honeypot. Outro método consiste em procurar caraterísticas comportamentais dos bots. Um estudo descobriu que os bots no IRC estavam inactivos a maior parte do tempo e respondiam mais rapidamente do que um humano quando recebiam um comando. O sistema que conceberam procurou estas caraterísticas no tráfego Netflow e tentou marcar certas ligações como potenciais bots. A abordagem foi bem sucedida na deteção de atividade IRC inativa, mas sofreu de uma elevada taxa de falsos positivos. Tendo em conta problemas como os falsos positivos em redes activas, outra abordagem consiste em utilizar um recurso não produtivo ou um honeypot. Um grupo montou um sistema vulnerável e esperou que fosse infetado por um bot. Em seguida, localizaram as ligações de saída para as redes IRC e utilizaram o seu próprio bot para se ligarem de novo e traçarem o perfil do servidor IRC. No entanto, não deram o passo seguinte e não desenvolveram um sistema de deteção baseado nesta técnica.

Em vez de se ligar diretamente ao servidor de IRC, outra abordagem é utilizar um honeypot para apanhar o bot e depois procurar caraterísticas de tráfego de comando e controlo nas ligações de saída. Localizámos todas as ligações TCP de saída bem sucedidas e verificámos que estavam todas diretamente relacionadas com a atividade de comando e controlo através da inspeção dos payloads. Havia uma grande variedade de comportamentos interessantes, incluindo ligações do bot a motores de busca para localizar e utilizar testadores de largura de banda, descarregamento de mensagens de fóruns populares para obter endereços de servidores e a transmissão de perfis de anfitrião abrangentes para outros servidores. Estes perfis incluíam informação detalhada sobre o sistema operativo, largura de banda do servidor, utilizadores, palavras-passe, partilhas de ficheiros, nomes de ficheiros e permissões para todos os ficheiros, e uma série de outros detalhes minuciosos sobre o servidor infetado. Analisámos depois todas as ligações de saída bem sucedidas e procurámos caraterísticas específicas que pudessem ser utilizadas para identificar o tráfego de comando e controlo da botnet. Os resultados sugeriram que não existem caraterísticas simples dos próprios canais de comunicação que possam ser utilizadas para a deteção. Por exemplo, a duração das ligações de saída variava muito, com algumas ligações a durarem mais de 9 horas e outras menos de um segundo. O número de bytes transferidos por ligação também variou muito, mesmo quando separámos a comunicação IRC de outras actividades de comando e controlo. Nem os resultados da nossa análise nem os resultados de esforços anteriores de deteção de bots revelaram quaisquer invariantes simples baseados em ligações úteis para a deteção de redes. Poder-se-ia inspecionar cada carga útil de cada pacote, mas isso é atualmente muito dispendioso em redes de elevado débito. Mais importante ainda, os atacantes podem fazer pequenas modificações que tornam a deteção quase impossível. Por exemplo, encriptar o tráfego, mascarar o comportamento do fluxo com ruído aleatório e até mudar para diferentes topologias de comunicação pode tornar a deteção imensamente mais difícil

## 7.2 Deteção de BotNet no tráfego DNS

Choi et al [7] desenvolveram um algoritmo de deteção de botnets através da monitorização do tráfego DNS, que é discutido em seguida:

### 7.2.1 Caraterísticas do BotNet DNS

Os anfitriões infectados acedem automaticamente ao servidor C&C com o seu nome de domínio. Por conseguinte, é utilizada a consulta DNS RR (resource record), que também aparece noutras situações. Os 5 casos seguintes mostram as situações da consulta DNS utilizada na BotNet.

1. No procedimento de recolha: Se a infeção do anfitrião for bem sucedida, os anfitriões infectados devem ser reunidos e o DNS é utilizado.
2. Nos comportamentos maliciosos de uma BotNet: Vários tipos de actividades maliciosas, como o ataque DDoS e o envio de spam, são acompanhados pela transmissão do DNS.
3. Em falhas de ligação do servidor C&C: Se a rede ou a ligação do servidor C&C falhar, os bots não conseguem aceder ao servidor C&C. Passado algum tempo (após falha do handshaking TCP de 3 vias), começam a enviar a consulta DNS para o servidor DNS.
4. Na migração do servidor C&C: O BotNet migra de um para outro servidor C&C candidato. Nesse momento, a consulta DNS também é utilizada.
5. Alterações no endereço IP do servidor C&C: Se um servidor C&C utilizar um IP de atribuição dinâmica (DHCP), o endereço IP correspondente pode ser alterado em qualquer altura e um botmaster também pode alterar o endereço IP do servidor C&C intencionalmente. Se o endereço IP do servidor C&C for alterado, os bots não conseguem ligar o endereço IP antigo do servidor, pelo que enviam a consulta DNS para aceder ao novo servidor C&C.

| | **Source IP s accessed to domain name** | **Activity and Appearance Patterns** | **DNS Type** |
|---|---|---|---|
| **Botnet DNS** | Fixed size Group (Botnet members) | Group activity Intermittently appeared (Specific situation) | Usually DDNS |
| **Legitimate DNS** | Anonymous (Legitimate users) | Non-group activity Randomly and continuously appeared (Usually) | Usually DNS |

**Table 6: Diferenças entre BotNet e DNS legítimo**

As consultas de DNS das BotNets podem ser distinguidas das consultas de DNS legítimas, através de caraterísticas únicas das consultas de DNS das BotNets. A Tabela 6 mostra algumas diferenças entre as consultas de DNS da BotNet e as consultas de DNS legítimas. Em primeiro lugar, apenas os membros da BotNet enviam consultas para o nome de domínio do servidor C&C (tamanho fixo), o utilizador legítimo nunca consulta o nome de domínio do servidor C&C. Por conseguinte, o número de endereços IP diferentes que consultam o domínio BotNet é normalmente fixo. Por outro lado, os nomes legítimos são normalmente consultados por utilizadores anónimos (aleatórios). Em segundo lugar, os membros fixos da BotNet actuam e migram em conjunto ao mesmo tempo. A atividade de grupo da BotNet deriva desta propriedade. As consultas DNS da BotNet ocorrem temporária e simultaneamente. No entanto, a maioria das consultas DNS legítimas ocorre de forma contínua e não simultânea. As consultas da BotNet aparecem em situações específicas mencionadas acima, pelo que surgem de forma intermitente. Em terceiro lugar, a BotNet utiliza normalmente o DDNS para o servidor C&C, mas os sítios legítimos não utilizam habitualmente o DDNS.

### 7.2.2 Mecanismo de deteção de BotNet baseado em DNS

O algoritmo é explicado nas etapas seguintes:

#### 7.2.2.1 Algoritmo de deteção de consultas DNS BotNet

Choi et al [7] desenvolveram um algoritmo de deteção de consultas DNS BotNet utilizando as diferentes caraterísticas do DNS BotNet e do DNS legítimo. O algoritmo separou 3 partes diferentes que são:

1. Inserir-DNS-Query
2. Apagar- Consulta DNS
3. Detetar-Bot DNS-Query

A figura 11 mostra a fase do algoritmo Insert-DNS-Query. Existe uma base de dados para armazenar os dados da consulta DNS, que incluem o endereço IP de origem da consulta, o nome de domínio da consulta e o carimbo de data/hora da consulta recebida. Agrupamos os dados da consulta DNS pelo nome de domínio e pelo carimbo de data/hora. As figuras 12, 13 e 14 demonstram o algoritmo com pseudo-código. Primeiro, prepara-se uma matriz A para armazenar as consultas DNS.

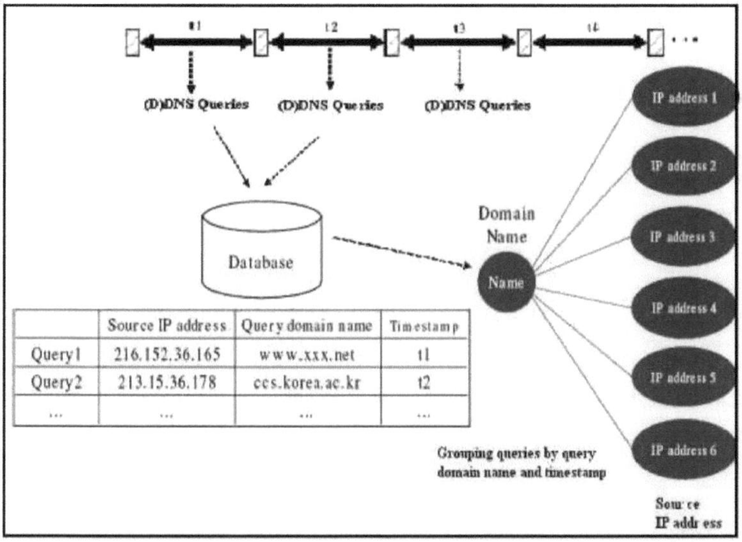


**Figura 11: Etapas da consulta de inserção de DNS**

```
Insert-DNS-Query (Qt)  Qt = DNS queries between time t-1 and t
    At =Array for DNS queries
     DNk = Request domain name of Qt
        IF DNk is not in At
            insert(DNk, At)
            IPk, IPListk = IP address of Qt, IP list of DN
            insert(IPk, IPListk)
        ELSE IF IPk is not in IPListk
            cntk = size of IPList
             cntk ++
            insert(IPk, IPListk)
        ENDIF
     ENDFOR
End of Insert-DNS-Query
```

**Figure 12: Passos para inserir a consulta DNS**

```
Delete-DNS-Query (At)
    FOR k = 1 to n
    W, T= Whitelist, size threshold
        IF (DNk is in W) OR (DNk => cnt < T)(
            delete(DNk, At)
            delete(IPListk), delete(cntk)
        ENDIF
     ENDFOR
End of Delete-DNS-Query
```

**Figure 13: Passos para eliminar a consulta DNS**

```
Detect-BotDNS-Query (A_t)
    FOR k = 1 to n
        IF (A_t1 => DN_k) is equal to (A_t2 => DN_k)
            similarity(A_t1 => IPList_k, A_t2 => IPList_k)
            S = computed similarity
        IF S > .  = Similarity threshold
            DN_k is dotnet domain name
        ELSE IF S = - 1 THEN insert(BL, DN_k)  BL = blacklist
        ELSE insert(W, DN_k)
    ENDIF
End of Detect-BotDNS-Query
```

**Figure 14: Passos para detetar a consulta BotDNS**

Inserimos o nome de domínio e o endereço IP de origem das consultas em A. Se chegar uma nova consulta, verificamos se já existe em A. Se for um novo nome de domínio, inserimos os dados. Caso contrário, verifica-se se o endereço IP já existe na lista de IPs do nome de domínio e insere-se o endereço IP se não existir na lista de IPs. Nesta etapa, os dados (nome de domínio, endereços IP de origem e carimbos de data/hora) das consultas DNS são organizados pelo nome de domínio solicitado. Em segundo lugar, execute o passo Eliminar consulta DNS para remover as consultas DNS redundantes. Se o tamanho da lista de IP não exceder o limite de tamanho ou se o nome de domínio for legítimo e já existir numa lista branca, o nome de domínio das consultas não tem de ser processado. Por conseguinte, deve ser removido da matriz A para reduzir a sobrecarga de processamento e poupar memória. Finalmente, encontramos as consultas DNS BotNet no passo Detect-Bot DNS-Query. Definimos e calculamos o valor numérico da atividade de grupo do DNS BotNet, designado por similaridade. Se existirem duas listas de IP solicitadas nos tempos t1 e t2 e que tenham uma mesma consulta de nome de domínio, assumimos que cada tamanho das listas de IP é A e B. E se existirem os mesmos endereços IP entre as duas listas de IP, assumimos que o tamanho dos endereços IP duplicados é C. Deixamos S denotar a semelhança tal que

$$S = \frac{1}{2} \cdot (\frac{C}{A} + \frac{C}{B})(A \neq 0, B \neq 0).$$

Se A = 0 ou B = 0, definimos a semelhança como -1. Se a semelhança se aproximar de 0, colocamos o nome de domínio na lista branca e eliminamos a lista de IP do domínio. Supondo que existe um nome de domínio DN solicitado por vários endereços IP de origem num determinado período de tempo t, medimos o número de endereços IP de origem que solicitam o DN após t em cada intervalo de tempo. Devido às caraterísticas do BotNet DNS, a semelhança entre o BotNet DNS e o DNS legítimo aproxima-se de 1. E o nome de domínio suspeito que ocorreu apenas uma vez e pode ocorrer mais tarde, que tem o valor de similaridade -1, insere o nome de domínio na lista negra para ser monitorizado após esse tempo.

## 7.3 Mitigação de spam baseada em DNSBL

Ramchandran [6] propõe um conjunto de técnicas para identificar BotNets utilizando a análise passiva do tráfego de pesquisa da lista negra baseada no DNS (DNSBL). Muitos provedores de serviços de Internet (ISPs) e redes empresariais usam DNSBLs para rastrear endereços IP que originam spam, para que futuros e-mails enviados a partir desses endereços IP possam ser rejeitados. Pela mesma razão, os botmasters são conhecidos por venderem bots "limpos" *(ou seja,* não listados em nenhuma DNSBL) a um preço elevado. Esta técnica aborda a possibilidade de efetuar *contraespionagem* para nos ajudar a descobrir identidades de bots, com base na perceção de que os próprios botmasters devem efetuar o reconhecimento. Lookups para determinar o estado da lista negra dos seus bots. As contribuições desta técnica incluem:

### 7.3.1 Heurística passiva para contraespionagem

Ramachandran [6] desenvolve uma heurística para distinguir as consultas de reconhecimento da DNSBL para uma BotNet do tráfego legítimo da DNSBL (quer offline quer em tempo real), para identificar os prováveis bots. Estas heurísticas baseiam-se numa enumeração de possíveis técnicas de pesquisa que os botmasters são susceptíveis de utilizar para efetuar o reconhecimento. Ao contrário dos esquemas de deteção anteriores, as suas técnicas são *dissimuladas* e não perturbam a atividade da BotNet.

### 7.3.2 Estudo das técnicas de reconhecimento da DNSBL

Estudam a prevalência do reconhecimento da DNSBL analisando os registos de um espelho de uma conhecida lista de blackhole durante um período de 45 dias, de 17 de novembro de 2005 a 31 de dezembro de 2005. Descobrem que os bots estão a efetuar o reconhecimento em nome de outros bots (possivelmente recentemente infectados). Embora alguns bots realizem um grande número de consultas de reconhecimento, parece que grande parte da atividade de reconhecimento está espalhada por muitos bots, cada um dos quais emite poucas consultas, tornando assim a deteção mais difícil.

### 7.3.3Identificação de novos bots

Analisam as consultas DNSBL que estão provavelmente a ser efectuadas por botmasters para identificar bots "limpos". Esse reconhecimento geralmente precede o uso de bots em um ataque, sugerindo a possibilidade de que essa contra-inteligência da DNSBL possa ser usada para reforçar as respostas. A secção 3 demonstra a possibilidade deste tipo de alerta precoce. Para validar o seu esquema de deteção, correlacionamos os endereços IP destes prováveis bots com os dados recolhidos num sinkhole da BotNet durante o mesmo período de tempo.

### 7.3. 4Contra-medidas baseadas na DNSBL

A nossa heurística pode ser utilizada para detetar o reconhecimento em tempo real. Esta capacidade permite potencialmente contramedidas activas, como devolver respostas enganosas a pesquisas de reconhecimento, como mostra a Figura 15.

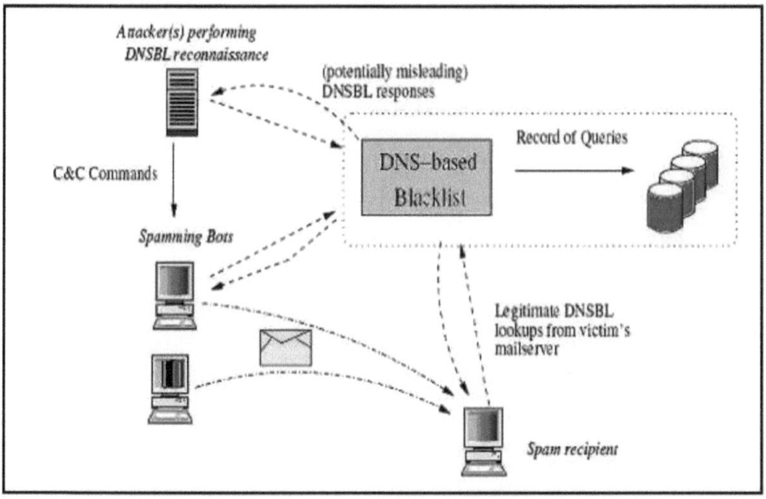


**Figura 15: Arquitetura de atenuação de spam baseada em DNSBL**

# CAPÍTULO 8

# CONCLUSÃO

É necessário fornecer contramedidas adequadas para as BotNets, que se tornaram uma das maiores ameaças à segurança da rede e um dos principais contribuintes para o tráfego de rede indesejado. Este seminário tem o objetivo de divulgar conhecimentos sobre BotNets, o seu padrão de comportamento e crescimento. Apresentei o estudo sobre os tipos de BotNets, as técnicas maliciosas utilizadas pelos Bot masters e as várias actividades maliciosas das BotNets. No entanto, as técnicas de deteção ainda estão a surgir, mas as BotNets contemporâneas já desenvolveram métodos para as contornar. Este facto exige uma investigação mais intensa sobre a eficácia dos mecanismos de deteção. Concluiu-se que é necessário desenvolver um mecanismo de deteção de BotNets mais avançado e potente que possa combater o crescimento de BotNets em diferentes protocolos emergentes e impedir que esta ameaça cibernética se propague o menos possível. Assim, é necessária mais investigação para aprofundar estas questões, uma vez que as ameaças continuam a aumentar e os atacantes adoptam novas metodologias.

## REFERÊNCIAS

1. E. Cooke, F. Jahanian e D. McPherson, "The zombie roundup: Understanding, detecting, and disturbing BotNets", em The 1st Workshop on Steps to Reducing Unwanted Traffic on the Internet (SRUTI '05), julho de 2005.
2. P. Barford e V. Yegneswaran, "An inside look at BotNets," 2006. Workshop Especial sobre Deteção de Malware Avanços na Segurança da Informação, Springer Verlag.
3. M. A. Rajab, J. Zarfoss, F. Monrose e A. Terzis, "A multifaceted approach to understanding the BotNet phenomenon", em Internet Mea- surements Conference (IMC '06), outubro de 2006.
4. D. Dagon, C. Zou e W. Lee, "Modeling BotNet propagation using time zones", em NDSS 2006, fevereiro de 2006.
5. J. R. Binkley e S. Singh, "An algorithm for anomaly-based BotNet detection", em The 2nd Workshop on Steps to Reducing Unwanted Traffic on the Internet (SRUTI '06),

2006.

6. N. F. A. Ramachandran e D. Dagon, "Revealing BotNet membership using dnsbl counter-intelligence", em The 2nd Workshop on Steps to Reducing Unwanted Traffic on the Internet (SRUTI '06), 2006.
7. Hyunsang Choi, Hanwoo Lee, Heejo Lee, Hyogon Kim, "BotNet Detection by Monitoring Group Activities in DNS Traffic", IEEE 2007.
8. D. Dagon, "BotNet detection and response," in OARC Workshop, 2005.
9. J. Jones, "BotNets: Detection and mitigation", fevereiro de 2003. FEDCIRC
10. J. Kristoff, "BotNets", outubro de 2004. 32ª Reunião do Grupo de Operadores de Rede da América do Norte.
11. Jivika Govil, "Criminology of BotNets and their Detection and Defense Methods", Conferência IEEE 2007.
12. Jivika Govil, "Examining the Criminology of Bot Zoo", 2007 IEEE.
13. Deteção dinâmica de BotNet, www.sandvine .com Versão 1.1 ,2006-06-13
14. M. Overton, "Bots and botnets," in Virus Bulletin 2005, outubro de 2005.
15. Martin Overton "Bots e BotNets: Riscos, questões e prevenção", conferência do Virus Bulletin no Burlington, Dublin, Irlanda, entre 5 e 7 de outubro de 2005.
16. Zhenhua Chi , Zixiang Zhao. "Detecting and Blocking Malicious Traffic Caused by IRC Protocol Based Botnets", 2007.
17. Katsumi Ono, Isamu Kawaishi, Toshihiko Kamon, "Trend of Botnet Activities", 2007 IEEE.
18. Projeto Honeynet. Know your enemy: Tracking botnets. http://www.honeynet.org/papers/bots/ , março de 2005.
19. Gregory P. Schaffer, "Worms and Viruses and Botnets, Oh My!", IEEE 2006. W. Timothy Strayer, Robert Walsh, Carl Livadas e David Lapsley, "Detecting Botnets with Tight Command and Control", IEEE 2006.
20. Husain Husna, Santi Phithakkitnukoon e Ram Dantu, "Traffic Shaping of Spam Botnets", Actas do IEEE CCNC 2008.

MIX
Papier aus verantwortungsvollen Quellen
Paper from responsible sources
FSC® C105338

Printed by Books on Demand GmbH, Norderstedt / Germany